CW01510231

Séjour à Mbenseke

Jonathan Lepira Bompeka

Séjour à Mbenseke
Recueil

LE LYS BLEU
ÉDITIONS

Preface

« I never sleep cause sleep is the cousin of death. »

Dans la première chanson de son premier album, l'icône du rap new-yorkais, Nas, déjà prodige à 20 ans, écrivait ces mots qui repoussent la mort, tout en trahissant poétiquement une certaine fascination pour le sommeil éternel.

De New York à Kinshasa, du rap à la poésie, les inspirations de l'au-delà restent très vivaces. Un paradoxe. *Séjour à Mbenseke* est un voyage époustouflant et étouffant dans l'un des cimetières les plus emblématiques de la capitale congolaise. Pas un voyage en surface, un voyage en profondeur, où nous sommes, nous, simples lecteurs vivants, ensevelis non pas sous la terre sèche, mais sous les mots lourds. On étouffe, mais on respire encore, on bouge encore. Il aura donc fallu cette descente aux enfers pour exalter les sentiments forts et les frustrations aussi. L'amour d'abord.

L'amour, l'amour, toujours l'amour. L'amour contrarié, l'amour perdu. L'amour est un fossoyeur ici. Il enterre. Il doit aussi nous ressusciter. Alors il est célébré et rejeté, porté et renié, à travers une écriture à la lumière noire.

Grâce à l'écriture justement, on traverse ici des névroses torturées de manière physique. Érotisme, tantôt sensuel, tantôt cru, tout le temps torturé, le séjour à Mbenseke nous éprouve comme une étreinte violente, une bagarre intime.

On ne sort pas indemne de cette virée d'outre-tombe où les thèmes s'entremêlent sur un chemin de désespoir, de doute et de foi. Vivre et mourir à Kinshasa à travers la poésie puissante et sombre de Jonathan Lepira. Bon séjour à tous, bon séjour à Mbenseke. Vous n'en reviendrez pas.

Youssoupha Mabiki

J'aurais voulu qu'il soit un peu court mais profond
Un peu long pour vous garder longtemps dessus
Alors, je voudrais qu'elles soient fines et larges
Mais seulement
Il ne peut être court, encore moins long
Elles ne peuvent être fines et larges
Le plus important est de vous pénétrer
Tout se joue dans sa sensibilité
Tout se passe dans l'émotion
Le plus important est qu'il soit vrai
Car il serait intéressant que mon poème vous touche
Qu'il atteigne votre point G
Qu'il caresse votre sensibilité
En vous procurant des sensations plus fortes qu'un frisson
Plus tendres qu'une caresse
Pleines de paix comme un baiser
Dans le silence des cimetières
Pleines de chaleur comme un câlin
Fortes dans l'expression comme un regard
Dès lors, mon poème saura vous donner du plaisir.

J'ai du mal à garder le sourire
Ma vie me donne l'impression de mourir
Les nuits sont plus longues que les jours
À contretemps, je ne fais que des détours
La souffrance, l'apparition de ma barbe
La douleur, les feuilles d'un arbre
L'amour me dégoûte une fois que je jouis
Mon plaisir me surprend, j'oublie qui je suis
Je pleure mais je suis heureux
J'ai peur bien que je sois courageux
La femme, son malheur une fois écartée
Je suis un vilain renard
Les histoires d'amour, un sacré canard
Ma lanterne est bien éclairée
Je trouve des femmes sans le bonheur
Une aventure de plus pour une mauvaise humeur
Je vois des femmes mais toujours pas l'amour
Il me paraît radical comme Éric Zemmour
Je fais l'amour sans tomber amoureux
Surprenant car ça devient curieux
L'amour et moi jouons à cache-cache
C'est plus difficile de le trouver
Une fois caché dans le corps d'une femme
Plus dur à trouver dans ses formes
Je peine donc à le trouver

Il faudrait penser à une réforme
Donc, c'est plus facile de chercher de l'argent
Un de ses frères trop vicieux comme tout homme
Je peine à vivre avec lui car j'ai du mal
À le garder près de moi comme sa sœur
J'ai une carte gold
Mais je peine à trouver de l'or
Bon sang !
Qu'est-ce que c'est la vie au final ?
Je peine à trouver un sens à la mienne
Comment vais-je trouver l'essence de ma vie
Alors que mon tourment me fait vivre ma mort ?
Comment veux-tu que je repose en paix ?

Je vis le bonheur entouré comme un vivant
Autour des sourires comme à un anniversaire
Je me sens heureux de vivre un calvaire
Je me sens entouré autrement
Je ressens de la chaleur
Oui !
Je vis jusqu'à ce que le vide apparaisse
Autour de moi
Je ressens de la paresse
Il y a du monde mais je me sens seul
Les gens crient alors que je suis seul
Ma souffrance, ils ne l'entendent pas
Ma douleur, ils ne la ressentent pas
Ils pleurent par amour bien que je me sente seul
Désolés, ils ne peuvent m'aider
Ma douleur, mon corps dans un cercueil
Je me sens seul lorsque le malheur m'a frappé
Ils s'éloignent lorsque le malheur m'appelle
Je ne peux qu'y aller seul
Car c'est mon nom qu'on appelle
L'amour n'a su m'accompagner
Lorsque le malheur a frappé à ma porte
À ma porte, plus personne ne pouvait l'arrêter
Face à lui
Je suis abandonné comme un mort dans un cimetière
Seul dans mon cercueil
Je ne peux que compter sur la douceur de la terre.

Qui suis-je ?

Je suis un homme qui rêve beaucoup

Sans le moindre besoin de sommeil

Comme un palmier entouré d'abeilles

Sans rien demander, j'ai connu de belles femmes

De ma vie, il n'y a plus que des flammes

Les circonstances de la vie m'ont égaré

Depuis, je ne veux que de belles femmes

Alors que quand je ne voulais rien

Je ne croisais que de belles femmes

Je les veux toutes, mais je suis loin d'elles

Aucune étincelle, rien que des querelles

J'ai cru que je valais quelques roses

Alors que des épines, j'en trouve partout

En amour, je mérite bien une pause

Désormais

En journée, je me concentre sur mon travail

Je compte les barres de fer des rails

En soirée, je me pose en terrasse pour oublier mes soucis

Car je suis un garçon qui boit beaucoup pour être endormi

La nuit, je ne dors pas assez

Tant que le train n'est pas encore passé

D'où j'ai du mal à réaliser mes rêves

Car au milieu de la nuit

Mon sommeil connaît une trêve

À minuit

Je dois me lever pour pisser.

Je me perds parfois
J'ai du mal à suivre ma voie
Descendu du singe
J'ai du mal à choisir mon linge
Je serais un animal
En hiver, je suis un singe
En souffrance en période estivale
Je suis une œuvre mystique
Devenu Homme, suis un être diptyque
De la poussière, je suis le fils de la terre
J'ai peur quand elle s'irrite
Pour mon avenir, j'ai peur de finir parterre
Je suis le fruit d'une union
Le symbole de la désillusion
Je suis le fils de mon père
Alors, j'ai peur
J'ai peur !
Des souffrances de mon frère
Des larmes de ma mère
Des cris de ma sœur
De la douleur de mon cœur
Je suis mouillé par la sueur de mon front
Je suis affaibli comme con
Désemparé par la terre
Je me perds sur le chemin de ma vie

J'ignorais mon identité jusqu'à ce que mes combats
Me ramènent à mon identité originelle
Ma souffrance m'a conduit à ma mort
Dans un cimetière, enterré dans les entrailles de la Terre
Je suis poussière, je retournerai poussière.

Je ne sais pas si j'écris ce que je vis
Ou si je vis simplement ce que j'écris
Car mes récits ressemblent plus à ma vie
Mon plaisir transformé en chagrin
Les cauchemars des courts sommeils dans le train
Mes rêves de gosse transformés en souffrance
Une réalité différente de l'ambition de mon enfance
Mes cris et mes larmes
Mes joies qui se transforment en drames
Ces dames que mon attirance finit par distancer
Tout en sachant quoi faire pour s'en passer
Elles maquillent mes torts pour ne plus me fréquenter
Mes sentiments, les cris des morts dans un cimetière
Personne ne peut panser mes plaies
Visibles, plus aucune femme pour m'aimer
Condamné à vivre seul
Comme dans un cercueil
Il n'y a que moi pour calmer la douleur
De mes plaies dont je suis l'auteur
Des battements qui résonnent dans mon cœur
Des mélodies dont je détiens le secret des compositions
Des compositions qui ne résonnent qu'à mon requiem.

J'avais un rêve
Sans savoir comment le réaliser
Les pas des fourmis sur un sol rempli de sèves
Je voulais écrire sans savoir comment
Quand ?
J'attendais le bon moment
Le bon temps
Je ne savais pas que ma plume
Attendait la souffrance
Comme une délivrance
Entre le marteau et l'enclume
Lorsqu'arrive la pluie
Les tonnerres s'abattent sur moi
Pour mouiller ma feuille de mon encre
Car ma plume est ancrée en moi
Pour calligraphier mon histoire
Ma souffrance n'est que la voie
Qui fait parvenir mes rêves à moi
À ma souffrance, je dois toute mon inspiration
À elle, je dois tous les oscars
Au front, les batailles ne sont pas toujours gaies
Mais je garde le mental comme un lascar
De nos souffrances, on ne retient pas que nos maux
Car notre survie, on en fait des récits remplis de mots
Pour nos poèmes peints de nos maux.

Le temps, c'est de l'argent
Vivre dans la pauvreté, c'est décourageant
J'ai une montre, mais je peine à trouver de l'argent
Alors que pour le peu que j'ai
Une dame me surveille comme à l'immigration
Bien que j'aie suivi ses conseils
Pour me retrouver sans caisse d'épargne
Car mon argent dans un compte épargne
N'a pas épargné la banqueroute
J'ai suivi tous ces concepts
Pour me perdre en cours de routes
J'ai montré à une femme que je l'aimais
Elle m'a pris pour un prêtre
Elle m'a avoué ses erreurs
Je me suis payé sa tête comme dans un film d'horreur
Sans que je le regrette
J'ai tendu ma main
On me l'a coupée sans anesthésie
J'ai tendu l'autre joue, on m'a bien arraché l'oreille
J'ai attendu la justice mais le violeur de la fille
De ma voisine en a violé une autre 20 ans après
Alors, je me suis tourné vers le clergé de Saint-Germain-des-Prés
Mais je découvre que le curé au confessionnal
Confesse les jeunes scouts par voie anale

J'ai essayé sans cesse
Mais la vie ne cesse de me décevoir
Regardant le ciel
Le désespoir m'invite à lui faire un vœu
Alors, si c'était une étoile
J'attends son passage pour lui dire mes adieux.

Ma barbe pousse comme les feuilles d'un arbre
Ma vie me dépasse comme un arbre dans la forêt
Aucune limite
Elle me dépasse
Je suis débordé par la profondeur de ses racines
Une incompréhension en même temps que j'hallucine
Je ne comprends rien à la souffrance
Je me sens épuisé par son insistance
Je ne retiens rien de la joie
Bien qu'elle ne passe pas souvent sur ma voie
Je ne garde que les marques de ma croix
Sur mon dos, elles pèsent sur moi
Oui !
Je meurs à petit feu à cause de ma vie
La résurrection est la seule voie de ma survie
Ma douleur ne fait plus mal à mon corps
Ne sois pas surpris de ma survie
Le poids de ma croix ne fait plus mal à mon dos
C'est ma plume qui pèse sur mon stylo
Maintenant, je sais quoi faire de ma vie
Car c'est de la souffrance que sont peints mes récits
À travers mes récits, je découvre la voie de ma survie.

Ma peine est lourde
Ma douleur est profonde
Je m'éloigne en ignorant que la distance rapproche
Vos reproches
Tout ce que je vide de mes poches
Mon patrimoine me rappelle ce que je ne possédais pas
Ma vision me rappelle ce que je ne voyais pas
Ma connaissance ressort ce que je ne savais pas
Je vis ici mais ma douleur vient d'ailleurs
Je vis mes rêves mais la réalité est un cauchemar
Je vois le patriotisme depuis mon départ de mon pays natal
J'apprends à vivre dans mon pays en vivant ailleurs
J'apprends à aimer mon pays à distance loin de mon malheur
Car le patriotisme d'ici me rappelle mes origines
Ici !
Cet amour
Ce civisme révèle ma souffrance
Celle de voir les drames dans mon pays d'enfance
Car ici, on fait référence à l'élite pour ne pas salir son pays
Là-bas, on fait référence à l'élite pour détruire mon pays
À distance, mon patriotisme
Le soutien des manchots
L'ambition des gorfous face aux pigeons
Ma voix, les paroles d'un bobo face aux dirigeants
Mes rêves, la vision d'un malvoyant

Alors, ma souffrance
Des regrets des parents sur la tombe des morts dans un cimetière d'enfants.

Le temps, on sait le compter jusqu'à ce qu'il s'arrête
Le mien, je ne sais le compter
Parce qu'il ne s'est pas encore arrêté
Je ne sais pas combien de temps il me reste
Pour te courir après avec ma veste
Visiblement, j'en ai encore jusqu'à ce qu'il s'arrête
Et je n'en perds pas pour autant
Est-ce par habitude que l'on se sent amoureux
Ou on l'est vraiment ?
Est-ce par habitude que je veuille te parler ?
Je ne pense pas !
J'ai pourtant arrêté
Mais depuis tout ce temps, j'en ai toujours envie
Bien que tu m'aies dit tout haut
Ce que je peine à admettre tout bas
De toi, j'attends…
Juste une phrase pour me rendre heureux
Rien de plus, car mon être ne saurait te contrarier
Juste le son de ta voix, pour oublier cette disette
Que je l'écoute en boucle comme une disquette
Juste une photo de toi pour revivre ta beauté
Revivre ta bonté à travers ton sourire et sa clarté
C'est fou comme des rencontres peuvent nous changer
Mes sentiments font passer ma conscience pour un étranger
C'est fou, pour une femme on devient poète

C'est une folie, je suis envoûté par ta silhouette
C'est drôle, car à cause d'une femme
On peut enfin reposer en paix dans le feu des flammes
Loin du silence des cimetières.

Cette fille voudrait me blesser avec ses enfantillages
J'ai vu son vrai visage malgré son maquillage
Je me vengerai d'elle avec maturité
Cet amour ne fera pas une éternité
En nous, il n'y a plus que rancœur
Avec des coups de cœur
De l'amour, on ne retient que le mépris
Avec le mépris
On ne peut qu'emporter nos souvenirs
Pour devenir aigri
Pour ne voir aucune espérance dans l'avenir
Alors on vit nos sentiments à distance
À distance, nos sentiments ne sont que poussière de cendres
Loin de la beauté des roses qu'on nous laisse entendre
Comme des roses dans un vase
Ils ne peuvent que reposer en paix.

On a tout le temps pour semer
Ne te précipite pas de m'aimer
Le temps nous attendra
La richesse nous obéira
La pauvreté nous offrira un trésor
La mort nous achètera la vie
Loin du sort des dinosaures
La séparation viendra pour nous unir
L'unité ne fera que nous définir
Les combats nous conduiront à la victoire
Face à toute histoire
Nos faiblesses ne seront que nos forces
Notre fierté, de quoi bomber le torse
Nos divergences ne seront que celles qui nous
rassemblent
Ton visage, je sais qu'il me ressemble
On a tout pour nous
Il y a tout qui nous rassemble
Le passé est derrière nous
Ne soyons pas pressés
Bien que je craigne que ton envie dévie ta passion vers
une autre
De vie, on n'en a qu'une bien qu'il y aurait l'autre
Que le regard des autres ne détourne pas le tien
D'un seul regard

Par ton détour, tu auras tout perdu
Par ta chute, tu m'emporteras aussi
Regardant comment notre malheur grossit
Regarde tout ce qu'on a construit
Regarde tout ce qu'on aura causé par un geste fortuit
La pauvreté ne nous le pardonnera pas
Elle viendra à nous à grands pas
Le temps se vengera et nous détruira
Comme les inondations à Uvira
La mort nous frappera
La richesse nous désobéira
Nos vies subiront les conséquences de l'impatience
Des douleurs dont les cieux enverront la pluie
Pour arroser notre mauvaise semence.

Nous n'avons même pas encore commencé
Bien que nous devions déjà tout arrêter
Nous sommes déjà séparés sans être ensemble
Hélas !
L'ego a des échos qui résonnent tellement fort
Que la voix de la raison finit en tort
Impuissant, on est emporté par sa puissance
On ne peut résister à la distance
Avec la médisance, on ne peut que s'offenser
Dans l'ignorance, on ne peut que s'oublier
Contrairement à ce que l'on laisse entendre
On réalise que l'on dépense plus d'énergie
À nous séparer qu'à nous unir
Notre union ne sert qu'à nous désunir
On dépense plus d'énergie à détester qu'à aimer
On s'attarde plus sur les défauts que sur les qualités
Notre amour d'antan finit calomnier
Comment voir la beauté en regardant la laideur ?
L'Homme ne regarde que ses yeux
Tôt ou tard, le cœur ne verra que douleur.

Les nuits passent
Les matins aussi
Le coq chante
Le poussin grossit
Les journées défilent
Le malheur ne fait que passer
Nos cauchemars remplacent nos rêves
Nos larmes débordent de nos yeux
Les morts remplacent les vivants
Place aux aveux
Les enfants remplacent les parents
La mort se porte garant
Les obsèques remplacent les anniversaires
La mort n'a pas d'adversaires
Les divorces remplacent les mariages
La séparation, la surprise au dernier virage
Les guerres remplacent les festivités
Les fêtards perdent leurs identités
Les ténèbres ont envahi le paradis
Nos vies ne sont qu'une parodie
Le malheur a envahi l'humanité
Elle a perdu toute sa beauté
L'humanité a oublié le sourire
Pour ne garder que les chants
Des oiseaux dans les cimetières des martyres.

Mes nuits sont longues
Comme la langue d'un monstre
Mes journées sont courtes
Comme une coupe
Je compte les morts
Je compte les vivants
Entre eux se trouvait la vie
Alors, je console le malheureux
Bien que je dîne chez l'heureux
Pas très loin
J'embrasse la mariée
Un peu plus tard, je console la veuve
Oui !
J'ai découvert cette proximité
J'ai découvert cette communauté
C'est fou comme leur proximité peut autant les rapprocher
En vrai, il n'y a rien à leur reprocher
Car leur bon voisinage ressort leur ressemblance
L'orgueil n'était que de l'ignorance
La douleur de la veuve, une utopie pour la mariée
C'est surprenant, leurs vies changent en si peu de temps
La poule au poulailler se croit différente du poulet du
marché
Par concours de circonstances
Une fois au marché

La poule du poulailler réalise qu'elle n'est pas
Si différente du poulet du marché
L'Homme des cimetières s'aperçoit
Que sa demeure se trouve dans la terre loin de son toit.

Mes pensées, les chemins parcourus dans l'obscurité
Dans mon âme
Aucune lueur, les jours sont noirs
Comme le soir
Le soir, j'ai besoin de vêpres
Les nuits ressemblent encore plus aux ténèbres
Le sommeil manque à l'appel
Mes rêves ne sont que les tourments du ciel
Ma voix sèche, j'ai besoin de miel
Mes maux me font reposer dans de verts pâturages
À mon âge, je passe plus de temps
À éclairer les ténèbres de mon paradis
À fleur de l'âge
Je vis des combats face aux démons de minuit
Une réalité d'un autre monde
La vie d'un autre Homme
Une vérité qui n'est pas visible avec les yeux
Des combats qui se vivent la nuit
Des événements qui se vivent les yeux fermés
Des affrontements qui se déroulent une fois couché
Des batailles que l'on remporte autour
D'une couronne de grains entre nos mains
Ce soir, les ténèbres seront en manque d'obscurité
L'ange de la mort est tombé au sol
Sans lendemain

Loin de sa boussole
Dépossédé de son arme
Mouillé par ses larmes
Michel a encore une fois frappé
Les ténèbres sont éclairées par la lumière.

Mes rêves, des réalités de ma vie que j'ignore
Une révélation que je déplore
Une incompréhension que j'explore
Des batailles et des combats à répétition
Des assauts sans aucune préparation
Du sang et de la chair jonchant le sol
Une vérité !
La triste réalité !
Ma douleur calmée par du paracétamol
Mon quotidien me laisse ignorer cette réalité
Des journées à quémander
À chercher à obtenir de bonnes grâces
À travers l'empathie de certains
L'attente d'un salut à travers des lettres
Des soirées tristes à réciter des vêpres
Les cris des coqs tous les matins
Pour mon avenir incertain
Les signes, je ne les vois pas
Les images, je ne les comprends pas
Mes douleurs, je ne les entends pas
Malheureux, je passe à côté de ma vie
Alors qu'en réalité, je suis un samouraï
Je suis le salut pour ma survie
Hélas !
Mon ignorance me laisse croire

Que ce ne sont que des rêves
Sans aucun espoir
Alors qu'en réalité, je suis un guerrier
Qui ne connaît pas de trêves
Avec mon épée
Je ne peux qu'arracher le sang
De la chair des mauvaises gens dans mes rêves.

Je suis debout la nuit car je ne dors pas

Je suis allongé en journée, je ne me réveille pas

J'avance mais je ne le vois pas

Mes pas, je ne les entends pas

Je sors de mon âme car c'est un homme

Qui pourrait vivre toute une vie dans le désaccord ?

J'ai besoin d'un peu d'air

Je m'en vais profiter du bel air

Mon esprit est affaibli par le poids de mon âme

Mon cœur porte les traces de la méchanceté d'une lame

Mon corps a besoin de repos

Face aux tourments de mon âme

Car cet homme ne me laisse aucun répit

Mon corps a juste besoin d'un pot

Mon être, mon tourment que je décrie

Car ma tête est bien lourde

Ma vie n'est que confusion

Avec mon âme tout n'est que contradiction

Mon salut ne peut passer que par l'évasion

Mon esprit veut s'envoler pour être libre

Bien que la séparation me fasse vivre

Un cauchemar

Mon âme n'était qu'un poids

Cette histoire n'était qu'un canard

L'enfer, ce diable sous mon toit

Ma liberté me fait perdre 21 grammes
Bien que je sois toujours en vie
Alors que mon cauchemar me rapproche de la mort
L'espoir d'un malade en survie
Dans ma tête, le silence des cimetières.

La divergence est un fait naturel
La ressemblance, un pari perdu d'avance
Les rêves des mort-nés
Dans un hôpital privé
Les courses des asthmatiques
Dans l'océan Atlantique
Juste un drap blanc en image
De quoi perturber les sages
Les vieux sortent des adages
Les jeunes parlent leurs langages
Les humains ne parlent pas de la même chose
Certains s'inventent des proses
Certains voient du noir
D'autres préfèrent le blanc
Ça ressemble au racisme
On n'est pas loin du schisme
Difficile de trouver le sujet
Le verbe est employé au mauvais temps
Ils ne parlent pas la même langue
Des combats perdus d'avance
Comme l'amour à l'enfance
Comme les prévisions des météorologues
Un seul ciel pour plusieurs prévisions
La météo ne connaît aucune dérision
Encore moins le ciel

Le mort s'en fout du temps pour retourner dans sa demeure
Quand sonne l'heure
Peu importe son état, il y retournera en paix.

Dans le train, défilent les souvenirs aussi rapidement
Que les villes à travers les glaces
À croire que je change de places
Sans aucun filtre, tout défile
Comme les séquences d'un film
C'est dommage, on restera sur cette image
Dans mes souvenirs, aucun bon présage
Malheureusement, on s'efforce plus à prouver
Notre détachement qu'à montrer notre attachement
À ceux que l'on aime vraiment
À croire qu'il serait plus facile
Pour l'Homme de détester que d'aimer
Alors, on réalise que notre amour ne tient qu'à un fil
Lors des batailles des humains
L'ego a très souvent le dernier mot
Mais face aux victoires de la mort
L'ego perd toute son essence sans le moindre mot
Car dans le silence des cimetières
L'Homme retrouve la voie de la raison
Dans le silence de l'oraison
Loin de toute victoire
Plus près de la défaite
Loin de tout espoir
Il s'aperçoit qu'il n'est que poussière.

Voilà que s'achève cette aventure
Je n'ai rien retenu, j'ai vécu plein de choses
Dans toute sa splendeur et avec désinvolture
Car cette histoire n'avait aucune clause
Rien de surprenant, cette fin n'a aucune cause
Oui, l'amour fait vivre
L'amour rend libre
L'amour anime
Aussi bien qu'il réanime
Comme un corps animé par ses membres
Le cœur d'un amoureux est animé par ses sentiments
Comme une sauce qui vit de la saveur de ses condiments
Telle une famille qui vit de ses membres
Alors, il bat
Une fois encore, il se débat
Aussi fort, il résonne
Comme une consonne
Jusqu'à ce que le son de la voyelle l'arrête
Comme le souffle d'une tempête
Le cœur s'est arrêté en même temps que le bruit du silence.

Le mal est profond comme un psaume
Mon chagrin se perpétue comme une sourate
Je n'aurai pas longue vie comme le prophète
La reconnaissance de l'homme, la gratitude de la prostituée
La volonté d'un peuple, le choix de Barabbas
La responsabilité des dirigeants, les mains dans une
bassine d'eau
La vie de l'Homme
Le chemin de Golgotha
Un séjour à Bogota
La vie de l'intègre, le destin de Job
La récompense du bien, le baiser de Judas
Le poids de la conscience, le récit d'Iscariote
La prière du croyant, la scène de Gethsémani
Alors, ne sois pas surpris que mon sort
Soit similaire à celui du Christ
Son cœur s'est arrêté à Golgotha
Mais vu le poids de ma rancœur
À ma mort, je ne suis pas sûr de ressusciter le troisième jour.

Je suis arrivé à un stade de ma vie
Où j'ai réalisé mes rêves
Loin d'être ceux de Thierry Henri
Réalisé que certains ne sont plus réalisables
Bien que ce soit regrettable
Dorénavant, je n'attends qu'à recevoir
Ce que la nature me réserve tout en profitant
De chacun des instants de ma vie
Pour m'éviter tout désespoir
Malheureux ou content
Je me contente de l'itinéraire de ma vie
Des pleurs ou des sourires
Tant qu'à faire
Ce ne sont que des couleurs qui peignent
Ma vie de leurs émotions
Car il n'y a plus à rien à faire
Il nous reste qu'à profiter des compositions
Les cris des oiseaux pour accompagner
Le silence des cimetières.

Ah oui !
Le temps passe
Les jours avancent
Comme les pas de danse
Sur la belle mélodie « Hortense »
Des journées dans la peine
Loin du sommeil d'une reine
Des nuits dans l'obscurité
Ma vie dans la douleur
Je perds mon identité
Je respire de la souffrance
Je n'attends que délivrance
Ma barbe, de l'herbe dans un cimetière
La souffrance parvient à moi à l'aide d'une gouttière
Un semblant de joies comme un jour d'anniversaire
Pour une vie de morts dans un cimetière
Pour un an de plus
Qu'est-ce que l'on célèbre vraiment ?
Alors, je fête un an de plus
Comme un mort dans un cimetière
De fœtus
Autour de moi, on célèbre
Mais on ne sait vraiment
Faire la fête dans le silence.

Il y a des sourires que l'on ne retrouve
Que dans nos galeries
Dès lors, on reconnaît la valeur de celle à nos côtés
Celle que l'amor a emportée
On reconnaît la valeur de la vie
La paix des morts au cimetière
Aucune envie de survie
C'est fou comme l'amor peut nous faire reposer en paix
La vérité est que l'amor nous enterre
Sans le moindre bruit comme dans un cimetière
Bien qu'il nous donne une raison de vivre
Car les sourires de nos photos n'arrêtent pas
Le chagrin des coups de foudre
Qui nous conduit à la mort
Alors, le tourment de nos sentiments
Ne peuvent que nous faire reposer dans la paix
Du silence des cimetières.

Maman prie pour moi
J'ai peur pour moi
Je suis naturellement attiré par la beauté
Qui brille dans le noir
La beauté m'attire sur des formes sans aucun fond
Quelques fois dans des eaux aux profondeurs qui me
dépassent
Car la nage n'a jamais été mon truc
Bien que le chien aboie, la caravane passe
J'ai toujours eu peur de me noyer
De la noyade, que le bon Dieu m'épargne
Quelle que soit mon épargne
À chaque fin de mois
Je vais devoir payer mon loyer
Bien que tous les ans, la solitude ne cesse d'aboyer
Seul dans mon lit, j'ai beaucoup trop de places
Celle dans mon lit fait un peu trop la grasse mat
Mes sentiments sont endormis par le manque
Mon amour n'est pas aussi profond que le mal
Je me plains mais je suis un coffre en banque
Ma douleur est aussi présente que la fumée
Car je suis une cigarette
Il n'y a aucune vision, aucune vue sur la durée
Ma résilience se fait mâcher comme une arête
Ma souffrance s'envole par la fenêtre

Bien que je peine à l'admettre
Maman !
Prie pour moi
Ton fils risque d'épouser une femme
Qui ne sait préparer que la chicha.

Les visages de mes ex défilent
Comme des villes dans un train
Une ville pour un chagrin
Des centaines de souvenirs défilent
De Corbeilles-Essonnes à Créteil-pompadour
Sauf qu'il y a très souvent des perturbations sur la D
Mes souvenirs ne tiennent qu'à un fil
Dans mes souvenirs, je peine alors à me balader
Malheureusement, aucun arrêt prévu pour la Gare du Nord
Tous mes souvenirs s'arrêtent à la Gare de Lyon
Sans le moindre remords
Mes souvenirs ont perdu le nord dans le RER-D
De train comme de vie
Je suis obligé de passer à autre chose
Car mon tain a fait une pause
Je ne pourrai faire tous les arrêts pour arriver à
destination
Je vais devoir prendre la A pour passer par nation
Comme le RER
Mes souvenirs sont perturbés
Je vais devoir changer d'itinéraires
Comme Jacques Chirac
Passé de l'Élysée à Montparnasse.

La vie fait sourire
La vie sait aimer
La vie fait chanter
La vie sait donner en mélodie
La vie rend malade
Comme une anémie
La vie est un microbe
Très peu visible sur une belle robe
La vie emprisonne
La vie offre des cellules
La vie isole
Alors
La vie nous enterre
La vie sait donner en souffrance
À l'enfance, la vie, un paradis…
À l'âge adulte, le cauchemar des aînés
La souffrance la transforme en enfer
Alors, les humains vivent enterrés
Dans des cimetières de l'enfer.

Le temps de la fin
Le commencement d'un nouvel air
J'ai pris un coup d'effroi en plein été
Un vent de chaleur en plein hiver
Je ne reconnais plus le ciel
Je ne comprends plus l'enfer
Les temps changent
Je ne reconnais plus Dieu
Je ne reconnais plus le diable
Ma souffrance, l'enfance dans le sable
Il n'y a plus que de l'assurance
Dans ma foi catholique
Mais beaucoup plus d'inquiétudes protestantes
Avec une ferveur évangélique
Les cieux et l'enfer sont méconnaissables
Mon âme protestante dans le feu du purgatoire
Ma vie ressemble plus à celle d'un mort
Face à un miroir
Mes actes sont loin d'être justes
Mon âme est très loin de reposer en paix
Car mon sort est injuste
Mon expiation est très loin de se faire par le feu
Méconnaissable, en enfer on y trouve que de l'eau
Des cieux, on ne reçoit que du feu
Ma vie est complexe
Une âme protestante dans un purgatoire
Avec une ferveur évangélique me laisse perplexe.

Je ne connais pas de repos avec les femmes
J'enchaîne les femmes comme une semaine
Qui se perpétue grâce à ses jours
Je connais beaucoup de femmes
Comme une semaine avec ses journées
J'ai du mal à trouver celle qui me va bien
Le dimanche, je suis un peu sage
Je reprends conscience
Après tout, je me reprends
Après m'être égaré, sur le chemin de l'église
J'espère trouver du réconfort
Car elle sait pardonner, elle sait aimer
Le lundi est assez dur
Je n'aime pas trop, mais je n'ai pas le choix
Une fois qu'on y est
Je n'attends que la fin
Car elle saoule un peu
Mardi, je ne sais pas trop à quoi elle joue
Je n'aime pas trop le mood
Mais on ne sait jamais ce que peut
Nous réserver une telle journée
Mercredi, un peu équilibrée
Pas trop folle, mais pas trop calme non plus
Laconique, à peine tu comptes les mots
Qui sortent de sa bouche

J'aime bien son style
Ça change l'ambiance des jours d'avant
Elle serait peut-être meilleure que celles d'avant
Jeudi, raffinée
Elle donne tout par son sourire
Affectueuse, elle ne se fatigue pas
Pour me prendre dans ses bras
Grand cœur, elle a tout d'une mère
Je me régale entre ses repas
La meilleure de ses sauces n'est pas servie sur un plateau
Après tout, c'est le dessert qui est le plus remarquable
Avec elle, aux anges
On oublie que le temps passe
Jusqu'à ce que l'on voie arriver vendredi
Malheureusement, le temps nous sépare
Car je ne peux rester
Je dois partir pour une nouvelle aventure
Voilà vendredi, quelle folle journée
Mais dans la folie il y a toujours du génie
Surtout, il y a toujours du plaisir
Évidemment, on aime bien garder des souvenirs
Plaisante et attirante
On a du mal à comprendre si c'est un samedi ou non
Car très souvent, au-delà de tout
Le plaisir recouvre souvent le drame
Alors, dans un coin de la tête
Je préfère quand même celle du jeudi
Car le vendredi, on a l'impression de se perdre
Partout où l'on passe
Elle essaie de se faire désirer comme un samedi

Bien que samedi aime la fête
Elle use toutes mes forces et énergies
Avec elle, le dimanche est lourd
Heureusement qu'elle arrive à me supporter
Avec son grand cœur de madone
Pendant que la dure journée du lundi m'attend sans
aucune excuse
Oui !
Les femmes comme des journées
J'en connais plusieurs
Malheureusement, j'ai du mal à trouver celle qui me va le
mieux
Je n'arrive pas à m'en éloigner
Comme une semaine, je vois des journées défiler
Bien qu'elles disparaissent aussi à leur tour
Où vont-elles ?
Je crois que l'on fait la même chose
Alors, elle et moi
Ne faisons qu'une semaine
Pour ensuite faire des mois
Avec les autres qu'elles fréquentent
Nous ne faisons qu'un calendrier
Alors, j'ai peur pour cette année
Avec le réchauffement climatique
Je crains pour nos santés
Il faudrait s'attendre à de nombreuses catastrophes
À pas mal de bouleversements
Par précaution, sortez couverts les amis !

Je vis dans les ténèbres pour éteindre la lumière
Des jours dans la souffrance
Le jour, tout est noir
Je vis l'obscurité avec insistance
Je peine à voir le bonheur du soir
Dans l'obscurité, tout est sombre
Comme mon ombre
Tout porte la couleur du malheur
À l'heure du drame
Face à la souffrance, je ne sais me départager
Le mâle et la femelle pleurent
Le dieu et la déesse souffrent
Je ne sais quoi faire si ce n'est qu'être présent
Où me rendre à présent ?
Je n'ai qu'un seul corps
Mon assistance ne peut être simultanément présente
Maintenant que l'urgence est pressante
Mes pensées ne peuvent que s'envoler les rejoindre
À mon absence, dans leur solitude, ils se sentiront
Moins seuls comme à l'enterrement d'un célibataire.

J'aime faire la fête comme un Antillais
Avec un peu de folie comme un Marseillais
J'aime danser comme un Brésilien
J'aime me balader avec mes écouteurs comme un
Francilien
J'aime bien la nature comme un bouddhiste
Elle m'inspire comme un artiste
J'aime bien le chapelet comme un catholique
Pour parcourir tous ses grains
J'ai besoin d'un tonic
J'aime bien le costume comme un Italien
Je m'attache à la famille comme un Sicilien
Pour elle, je suis prêt à mourir comme un musulman
Je suis attaché à elle comme à un talisman
Bien que mon cœur soit noir comme un Malien
Je suis esclave au pays de l'amour comme au Sénégal
Dans mes combats, je mourrai comme un samouraï
Ma souffrance est mon sabre
Mon sabre est l'amour
Donc, je ne mourrai que par mon sabre
À mes obsèques
On m'enterrera comme un samouraï
Car mon sabre ne fait que défendre ma famille.

Allah !
La vie m'a bien usé
L'amour m'a bien blessé
Le travail m'a vieilli
Le plaisir m'a attristé
La souffrance m'a rendu fort
Ma raison, la cause de mon tort
Ma force m'a rendu vicieux
Le vice m'a condamné
Je m'éloigne des cieux
Ma condamnation m'a isolé
L'isolement m'a brisé
Depuis, plus aucune vie
Je tente le coup de la survie
Allah !
Donne-moi le zèle de bouddha
La mort s'approche de ma porte
Comme à Ciudad
Maman, ma vie, entre vos mains
Mon heure est arrivée
Il me faut partir, j'en suis contraint
Veuillez m'accompagner
Je ne peux rater mon train
Votre amour saura m'accompagner
Vos bras pourront me déposer
Car aucun autre bras ne saura m'enterrer.

Je vis ma mort
Alors que je viens de naître
Une réalité que je peine à admettre
Avec plein de remords
La vie, une contradiction à laquelle
Les scientifiques essaient de donner du sens
Une voiture diesel qui roule avec de l'essence
La foi irrationnelle dont on cherche à attacher une raison
Yin et yang qui font l'objet de comparaisons
Un Dieu invisible dont on ne cesse de réclamer la présence
Des morts dont on ne cesse de condamner l'absence
L'Homme, un animal
Pourtant il se plaint du poulailler
Comme c'est banal
Il ne comprend plus rien de la forêt
C'est dommage
Pourtant, le sommeil des paresseux ne connaît aucun
tourment
Comme du béton de ciment
Alors que la vie est la maternité de la souffrance
De l'Homme sage
Bien que son essence soit une vertu pour sa quiétude
Comme un repos dans le berceau de l'inquiétude de
l'enfance.

À vouloir vivre de nos efforts
Ce n'est qu'une fois épuisé
Que l'on réalise que les efforts
Que l'on déploie nous condamnent sur la croix
Alors, la mort ne nous laisse pas trop de choix
Une fois à notre porte
On réalise qu'elle nous ramène à l'essentiel de la vie
Plus d'autre choix que de retrouver sa demeure
À l'heure de la mort
Poussière, on finira dans la terre
Comme mon père
Je choisis un séjour à Mbenseke.

Remerciements

À la mort qui nous reprend pour nous rappeler qui nous sommes…

À mon père qui séjourne à Mbenseke, la mère et le souffle de cette œuvre.

À la vie qui nous donne pour ne pas rester inactif face aux intimidations de la mort…

À Bertrand, Thérèse, Arnold, Youssoupha qui ont tant donné à ce recueil.

J'en oublie tant d'autres. Je suis peut-être ingrat, mais vous vous reconnaîtrez entre les lignes de ces poèmes qui vous ressemblent.

À l'amour qui remplit nos cœurs de ses émotions de peur qu'il se vide…

Alors, je remercierai toutes ces rencontres qui ont rempli d'amour les pages de notre recueil, toute une famille pour supporter le poids de mes mots.

Imprimé en Allemagne
Achevé d'imprimer en mai 2023
Dépôt légal : mai 2023

Pour

Le Lys Bleu Éditions
40, rue du Louvre
75001 Paris